인지발달과 학습향상을 위한

인지상담 Workbook 시리즈

아동용

주의집중력 향상편
청각적 주의력
1-1

박 소 진
김 익 수
손 금 옥

박영story

01 어떤 소리가 들렸나요?

선생님이 들려주신 소리를 귀를 기울여 잘 듣고, 캔 안에서 어떤 소리가 들렸는지 ◯ 표시해 주세요.

회차	쌀	동전	콩	구슬
1				
2				
3				
4				
5				

02 어떤 물건의 소리일까요? 차례대로 찾아보세요.

선생님이 들려주신 어떤 물건의 소리를 찾아 순서대로 가리켜보세요.

02 어떤 물건의 소리일까요? 차례대로 찾아보세요.

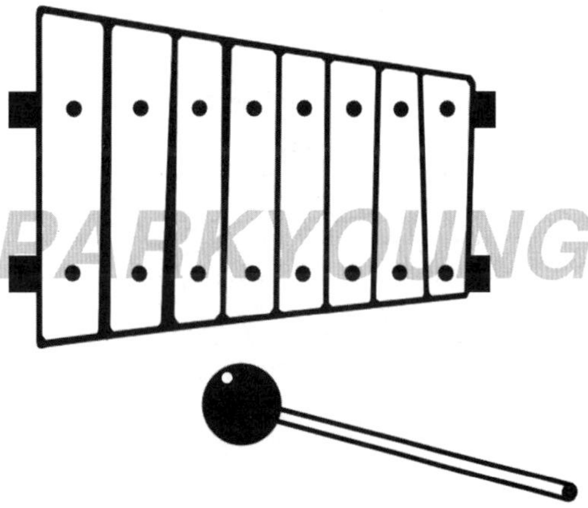

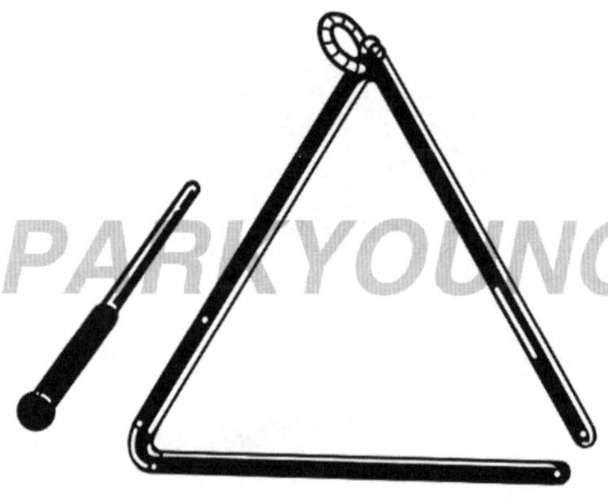

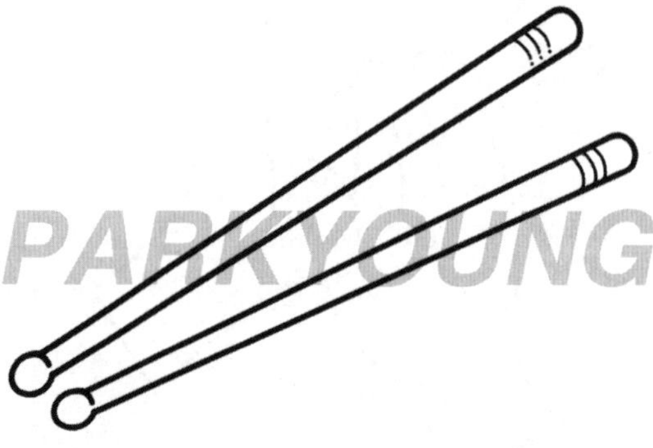

03 노래를 듣고 손뼉을 쳐 볼까요?

선생님이 알려주시는 단어를 잘 기억해주세요. 노래를 듣다가 알려주신 단어가 나오면 손뼉을 치는 거예요.

- 노래 제목과 기억해야 할 단어예요.

동요	기억해야 할 단어	새로운 단어를 정해서 해볼까요?
요기 여기	 요기, 여기	
머리 어깨 무릎 발	 무릎	
아기 상어	 상어	
멋쟁이 토마토	 토마토	
악어 떼	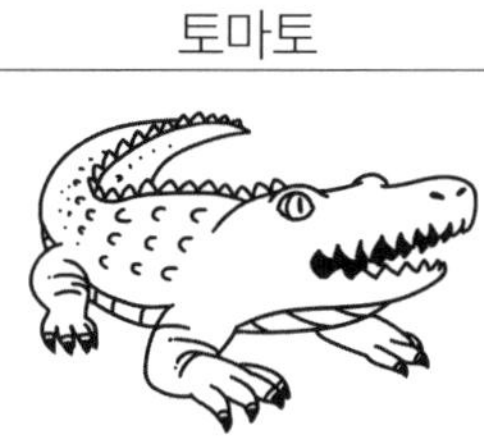 악어	

03 노래를 듣고 손뼉을 쳐 볼까요?

솜사탕	 솜사탕	
올챙이와 개구리	 쑥	
씨앗	 씨, 싹	
겨울 바람	 꽁	
곰 세 마리	 곰	
우산	 우산	
엄마 돼지 아기 돼지	 돼지	

04 심부름을 부탁해요(물건 찾기).

먼저 다음 쪽 활동지에 있는 그림을 오려놓으세요. 그런 다음 선생님이 말씀하신 물건을 찾아 차례대로 놓아주세요.

①

②

③

④

04 심부름을 부탁해요(물건 찾기).

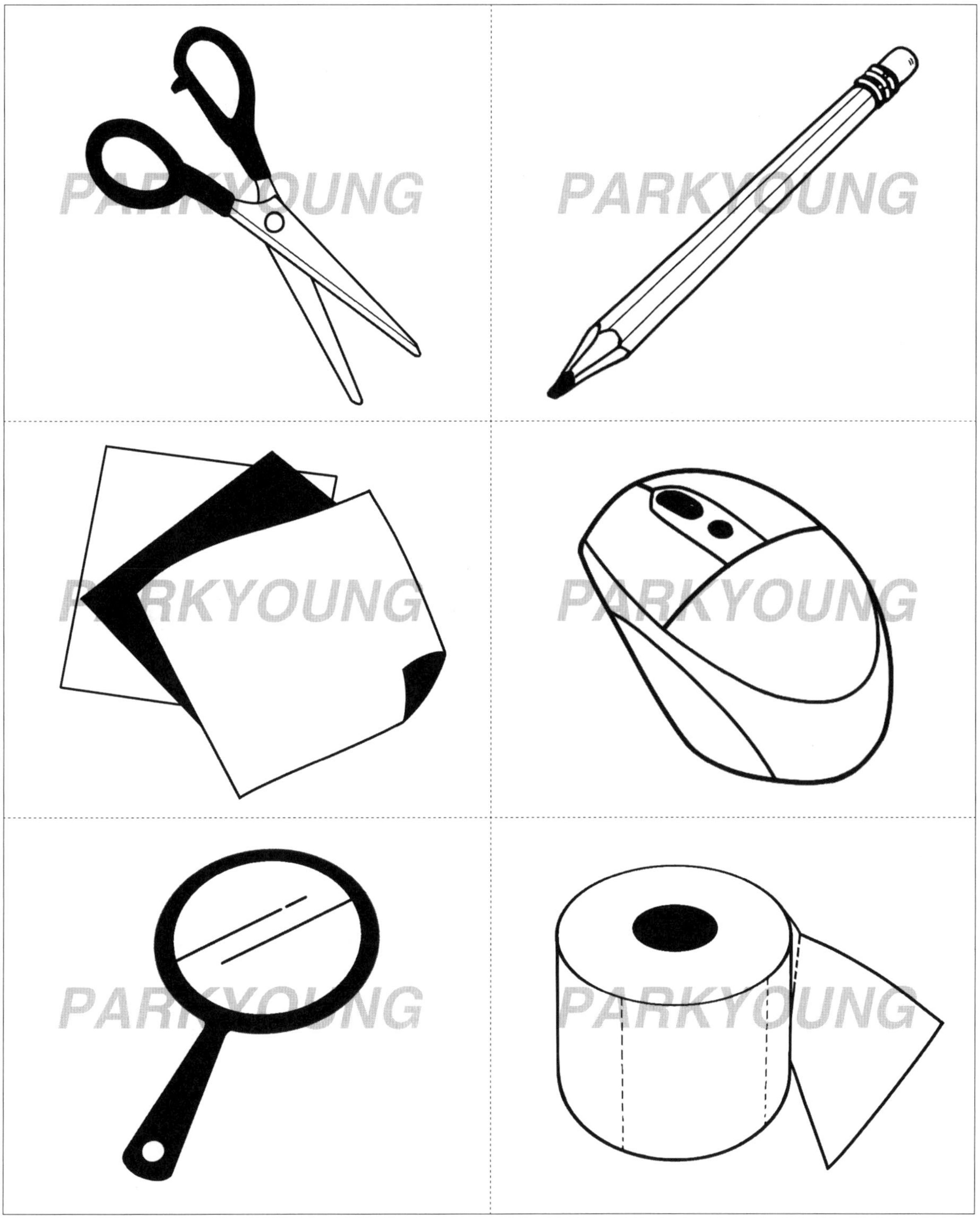

04 심부름을 부탁해요(물건 찾기).

(가위로 오려서 해당되는 칸에 넣어주세요)

05 이상한 나라의 과일, 예쁘게 칠해보세요.

선생님의 설명을듣고 과일을 예쁘게 칠해주세요.

활동 1

05 이상한 나라의 과일, 예쁘게 칠해보세요.

활동 2

06 몇 등일까요? 순위에 따라 색칠해주세요.

선생님의 이야기를 잘 듣고 거북이의 색깔을 칠해주세요.

활동 1

활동 2

06 몇 등일까요? 순위에 따라 색칠해주세요.

선생님의 이야기를 잘 듣고 거북이의 색깔을 칠해주세요.

활동 3

활동 4

06 몇 등일까요? 순위에 따라 색칠해주세요.

활동 5

07 하나씩 늘어나네요. 잘 기억해주세요.

아래 보기 중 하나의 장소를 선택하세요. 장소와 관련된 단어를 선생님과 번갈아 가며 말하는 거예요. 그런데 앞에서 나온 단어도 차례대로 이야기해야 합니다.

문방구

동물원

마트

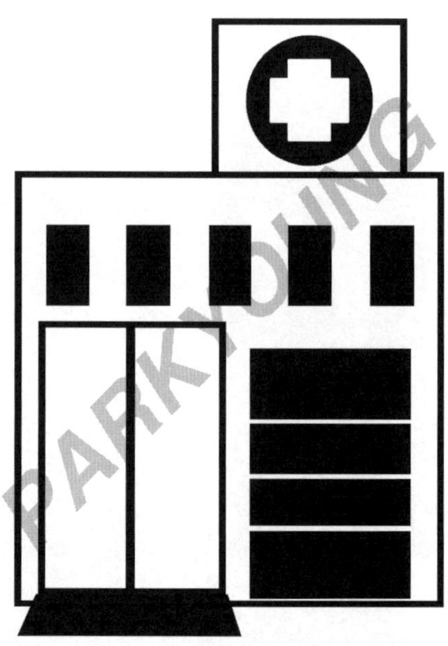

병원

08 지시대로 얼굴을 꾸며볼까요?

선생님의 설명을 잘 듣고 얼굴을 꾸며주세요. '얼굴 표정 만들기' 활동은 보기의 그림을 참고하세요.

활동 1. 이야기를 잘 듣고 사람들의 얼굴을 꾸며주세요.

08 지시대로 얼굴을 꾸며볼까요?

활동 2. 이야기를 잘 듣고 표정을 완성해주세요.

①

②

③

08 지시대로 얼굴을 꾸며볼까요?

④

⑤

⑥

09 잘 듣고 순서대로 찾아주세요.

선생님이 지시하는 동물이나 과일(채소)의 이름을 잘 듣고 활동지에서 순서대로 가리켜보세요. 선생님이 말하는 동안 두 손은 무릎 위에 가지런히 놓아주세요.

활동 1

09 잘 듣고 순서대로 찾아주세요.

활동 2

09 잘 듣고 순서대로 찾아주세요.

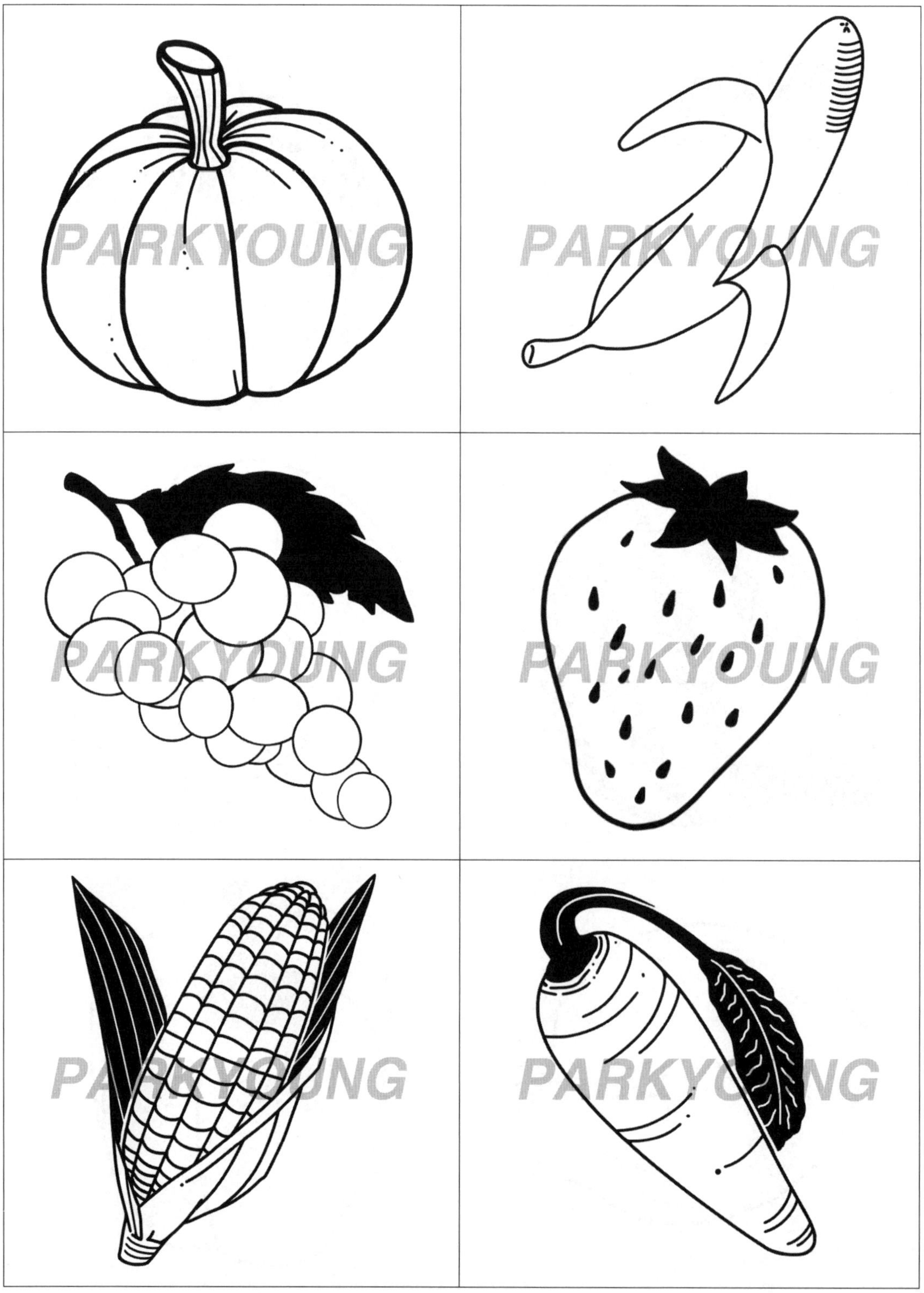

10 단어를 잘 듣고 기억해주세요.

선생님이 불러준 단어를 차례대로 말해보세요. 순서는 꼭 지키지 않아도 됩니다. 몇 개나 성공했는지 ◯로 표시해보세요.

회차	①	②	③	④	⑤
1					
2					
3					
4					
5					
6					
7					
8					
9					
10					

11 사라진 단어는 무엇일까요? 잘 듣고 찾아주세요.

먼저 선생님이 불러준 단어를 잘 기억해주세요. 그런 다음 선생님이 들려준 이야기에 나오지 않는 단어가 무엇인지 찾아보세요.

• 이야기 1 : **호랑이, 토끼, 사자, 여우**

어떤 이야기였나요? 나오지 않은 단어는?

• 이야기 2 : **포도, 바나나 우유, 사과주스, 콜라**

어떤 이야기였나요? 나오지 않은 단어는?

---

11 사라진 단어는 무엇일까요? 잘 듣고 찾아주세요.

• 이야기 3 : **자전거, 유람선, 비행기, 기차, 버스**

어떤 이야기였나요? 나오지 않은 단어는?

• 이야기 4 : **노란색, 빨간색, 파란색, 초록색, 보라색**

어떤 이야기였나요? 나오지 않은 단어는?

12 심부름을 부탁해요(동작 수행).

선생님이 제시한 동작을 순서대로 잘 수행했는지 ◯로 표시해보세요.

회차	①	②	③	④	⑤
1					
2					
3					
4					
5					
6					
7					
8					
9					
10					

13 지시대로 선을 이어볼까요?

선생님의 설명을 잘 듣고 선을 이어보세요. 다양한 색으로 여러 번 선을 이을 거예요.

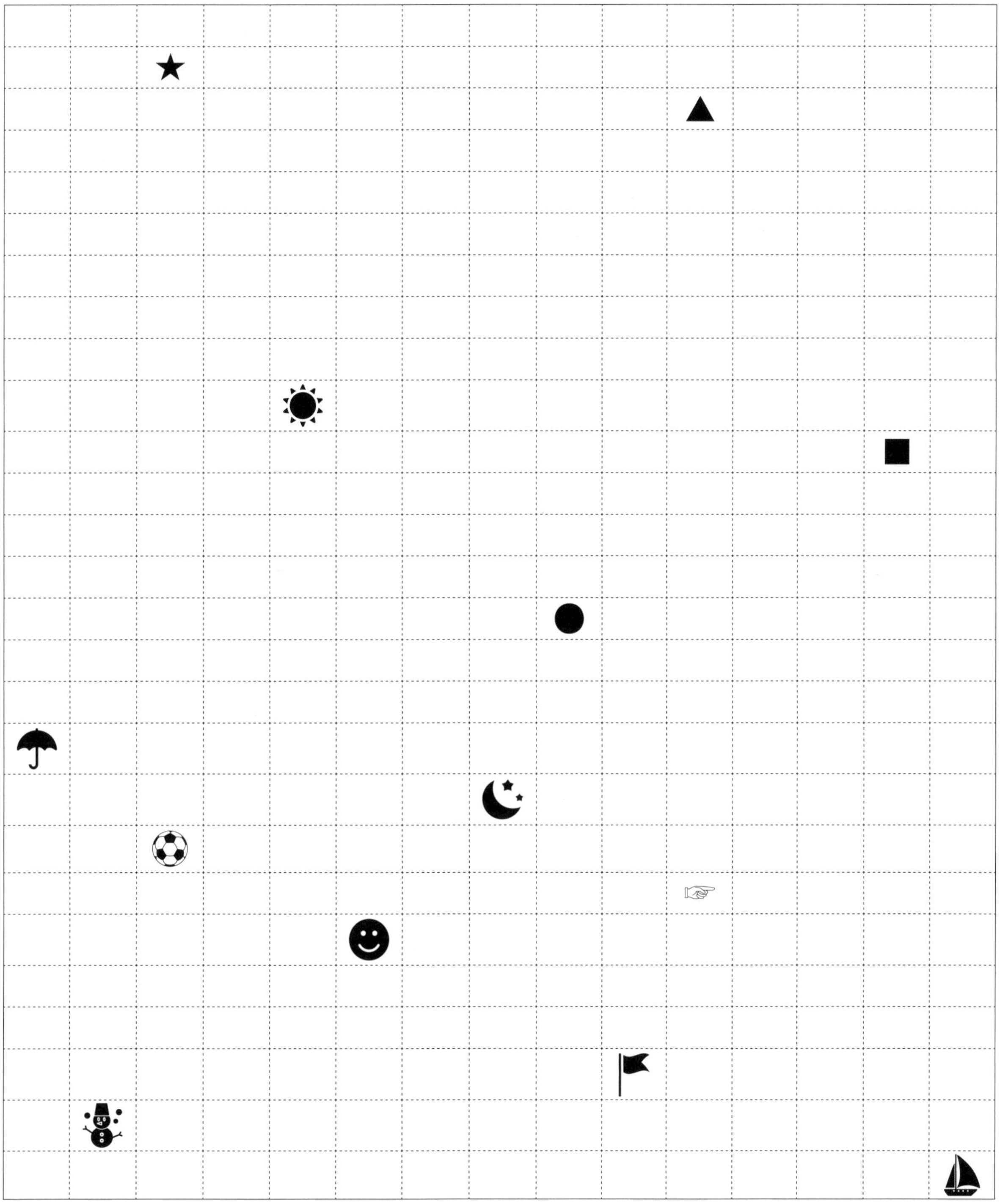

14 어떤 동물일지 맞혀보세요.

선생님의 설명을 듣고 어떤 동물에 대한 설명인지 활동지에서 골라주세요. 한 번에 두세 마리의 동물에 대한 설명이 나올 수도 있어요.

15 '나'는 어떤 사람일까요?

선생님의 설명을 듣고 그림 속 어떤 사람인지 골라주세요.

16 어떤 그림을 설명한 것일까요?

선생님의 설명을 잘 듣고 어떤 사진인지 골라보세요.

17 몇 층을 눌러야 할까요?

선생님의 설명을 듣고 몇 층에 사는 사람인지 맞혀보세요.

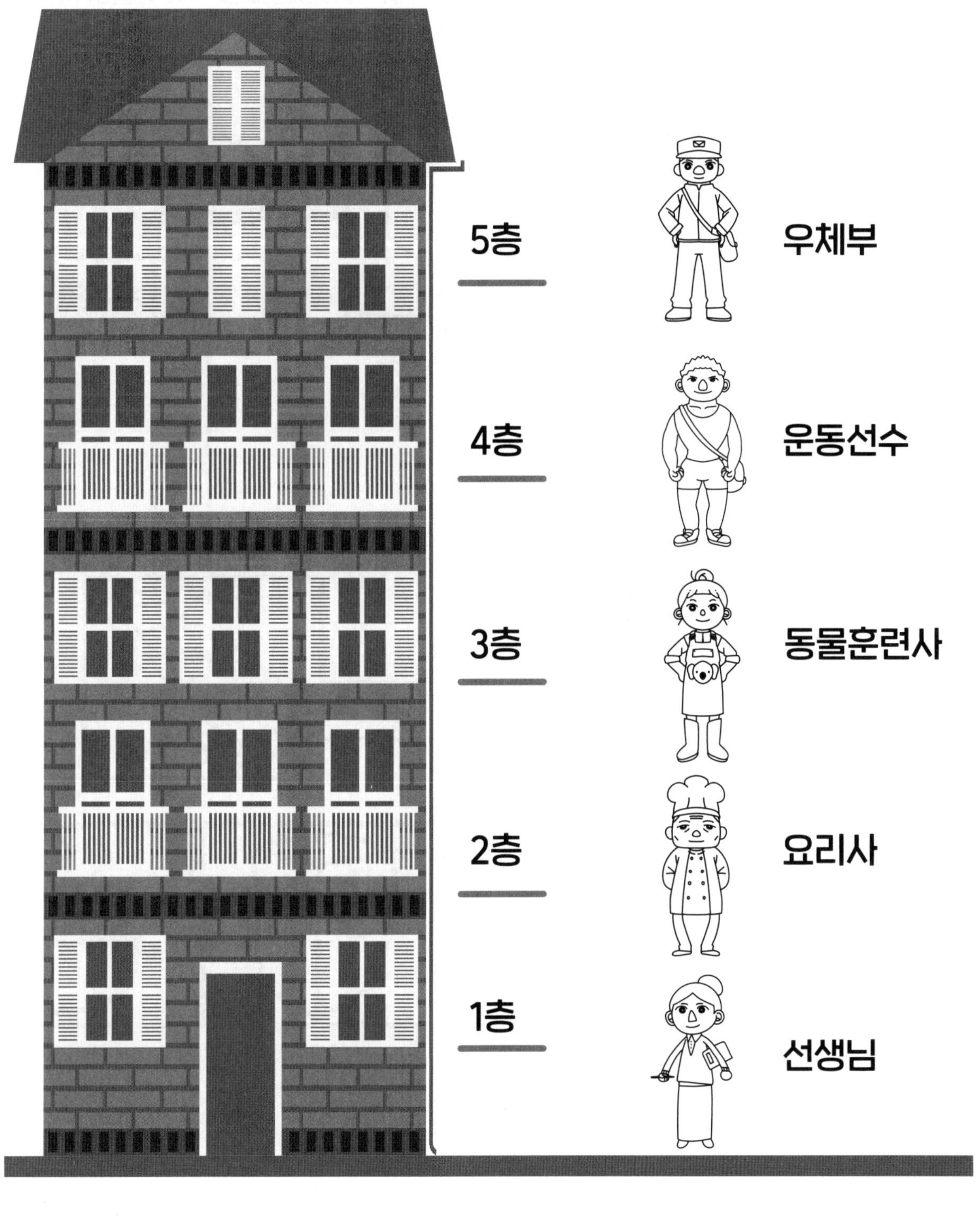

18 '나'는 어디에 있을까요?

선생님의 설명을 잘 듣고, '나'는 어디에 있을지 찾아보세요.

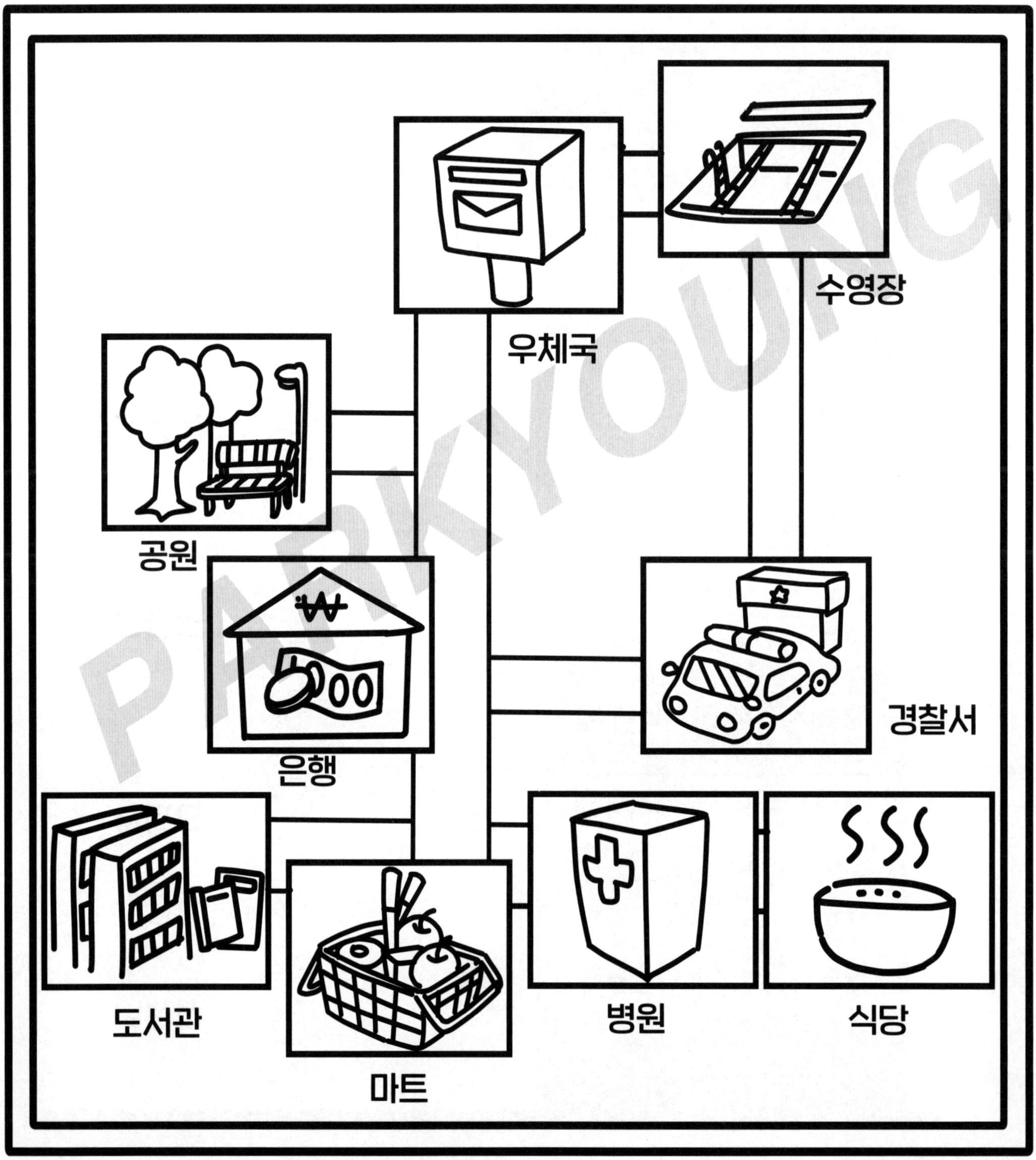

19 어떤 물건을 샀을까요?

선생님의 설명을 잘 듣고 위, 아래, 왼쪽, 오른쪽으로 이동을 하여 어떤 물건을 샀는지 알아보세요.
출발장소는 가운데 집입니다.

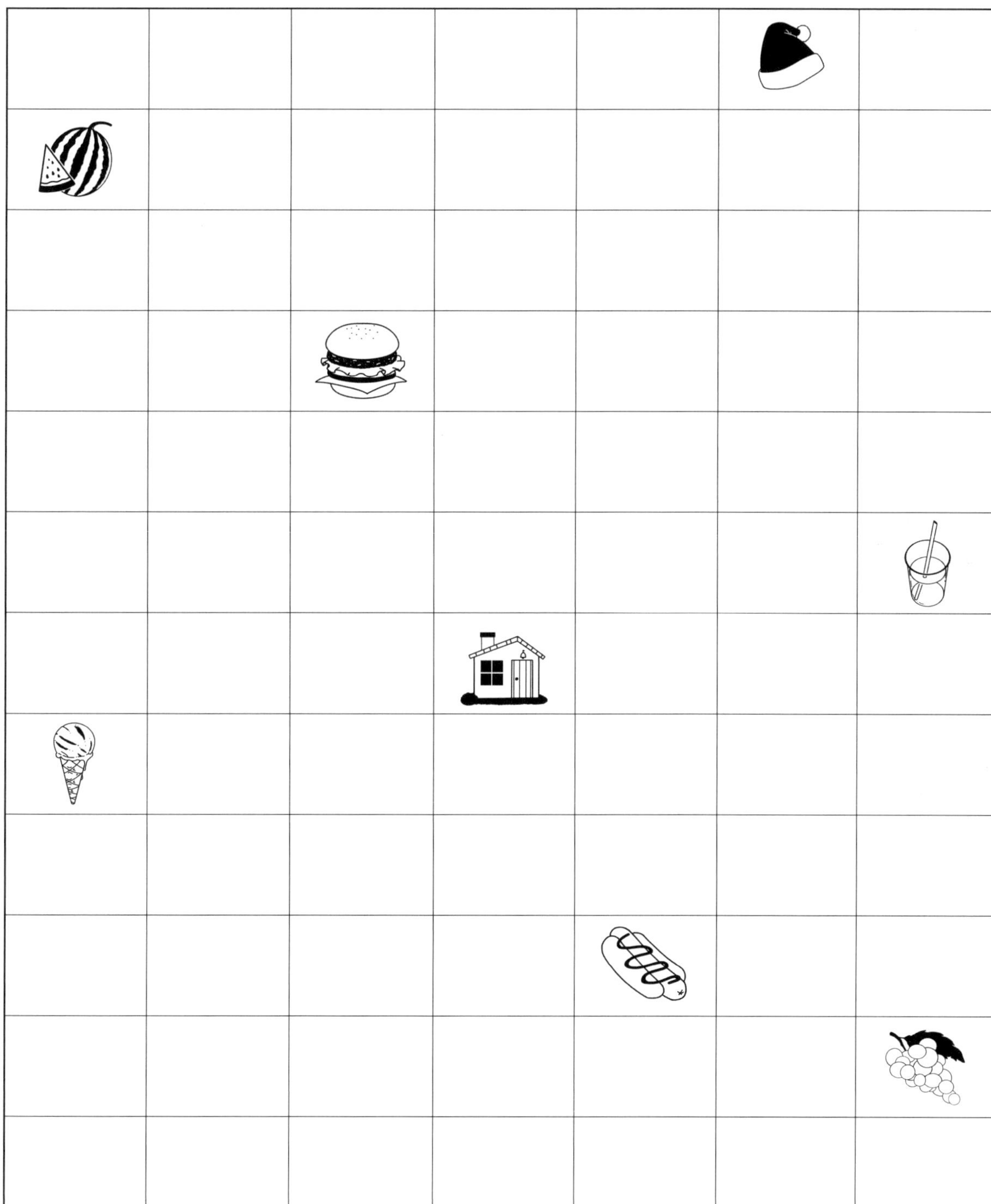

20 어떤 순서로 해야 할까요? 순서대로 놓아보세요.

먼저 다음 쪽 활동지에 있는 그림을 오려놓으세요. 그런 다음 선생님이 설명해주신 순서대로 그림을 놓아주세요.

①

②

③

④

20 어떤 순서로 해야 할까요? 순서대로 나열해보세요.

양치질 그림입니다.

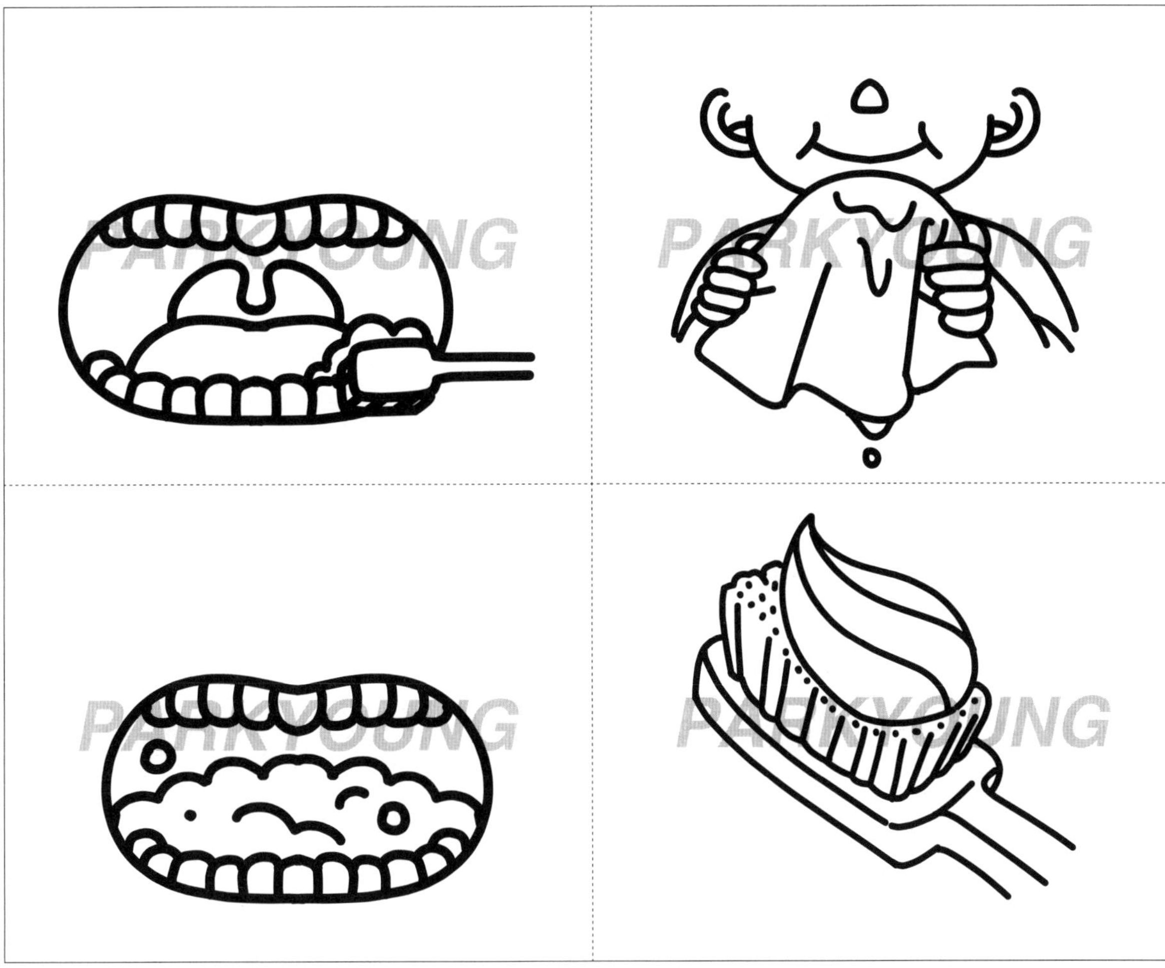

20 어떤 순서로 해야 할까요? 순서대로 나열해보세요.

손 씻기 그림입니다.

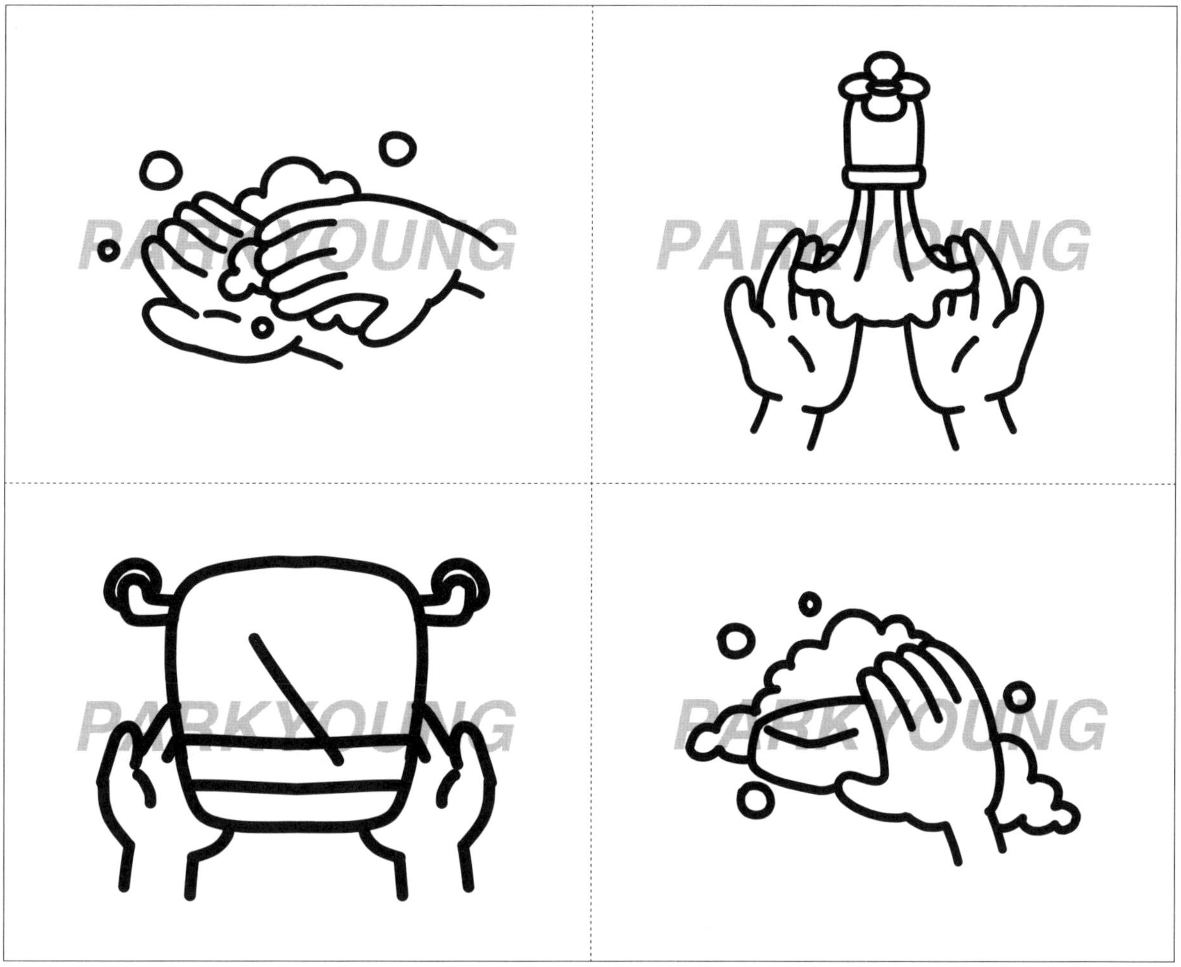

20 어떤 순서로 해야 할까요? 순서대로 나열해보세요.

길 건너기 그림입니다.

21 오늘 어떤 활동을 했나요? 순서대로 말해보세요.

오늘 한 활동의 그림입니다.

22 불러준 숫자만큼 동물 그림을 색칠해주세요.

선생님의 지시를 잘 듣고 숫자만큼 동물을 색칠해주세요.

22 불러준 숫자만큼 동물 그림을 색칠해주세요.

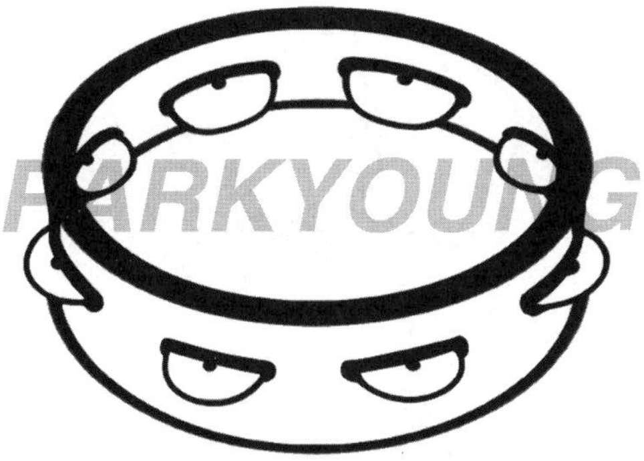

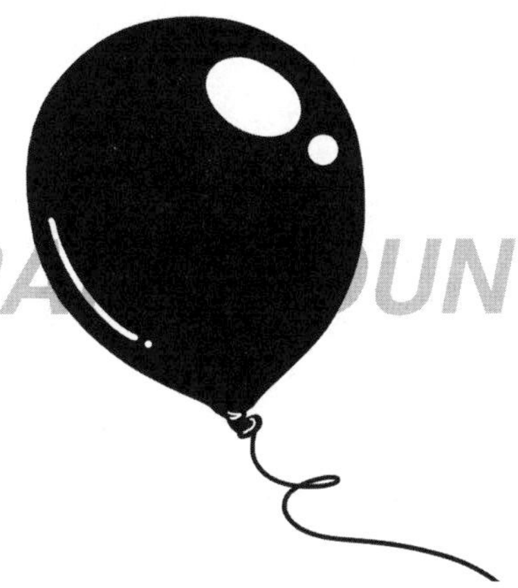

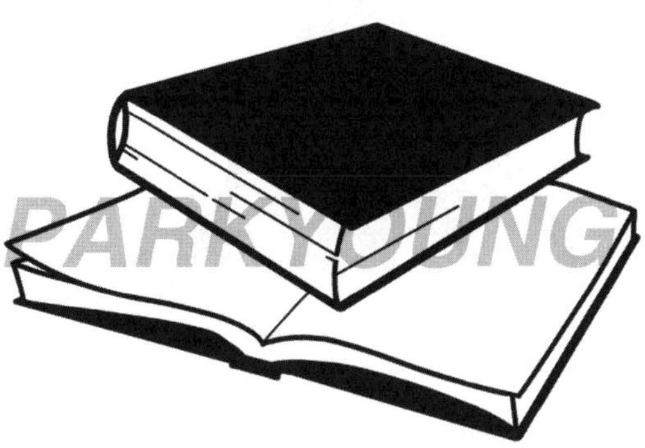

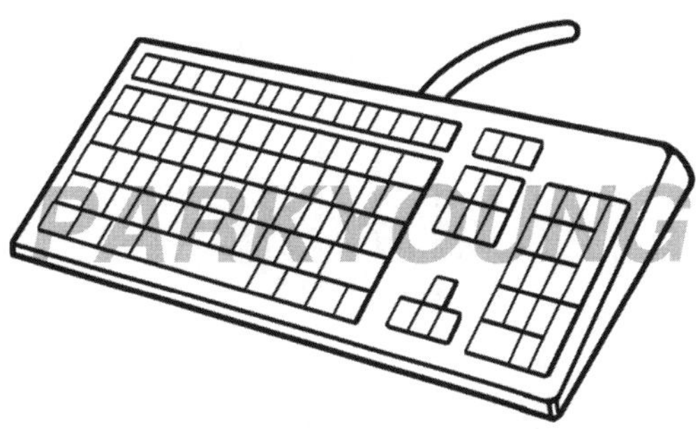

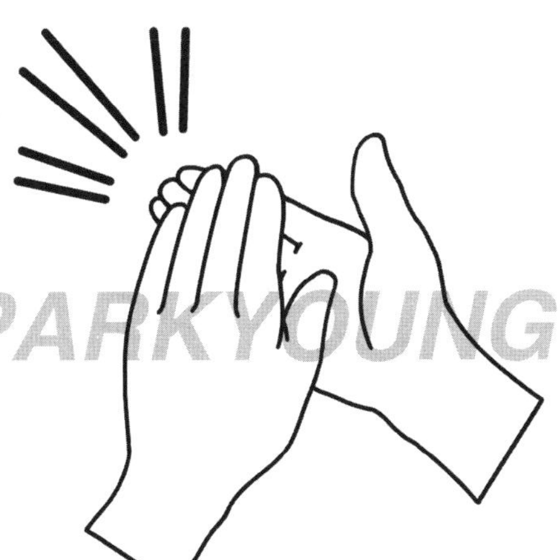

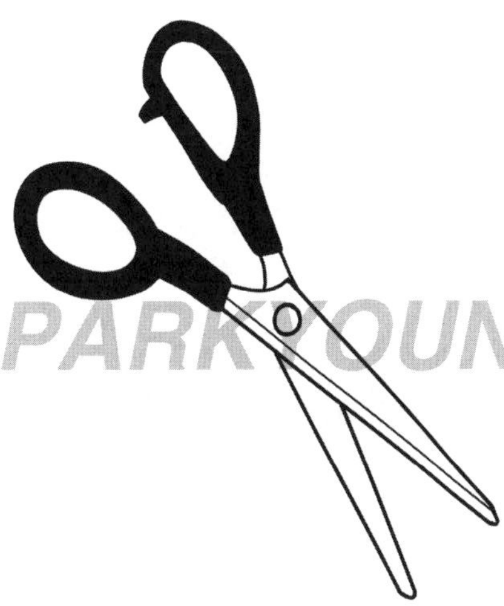

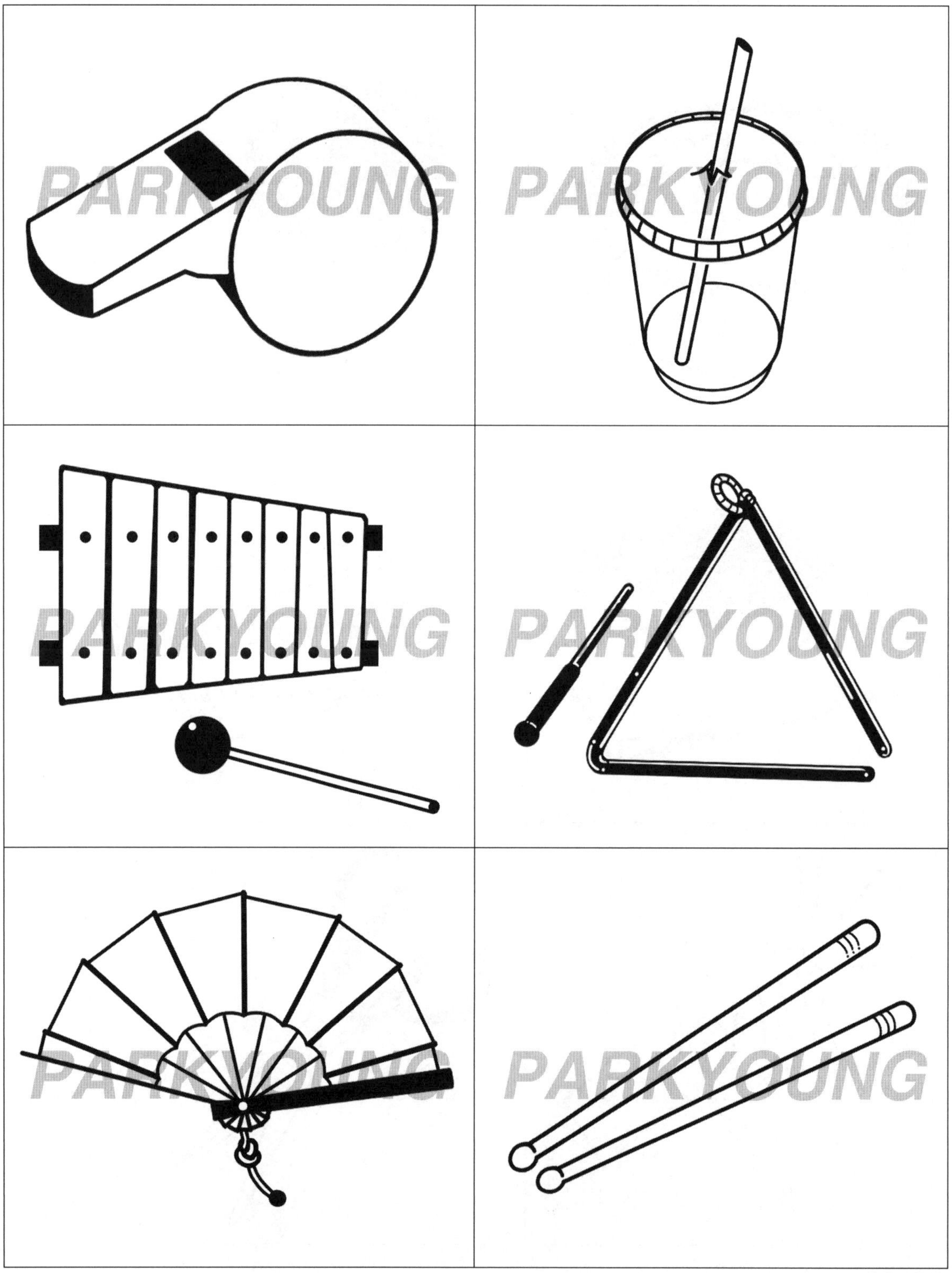

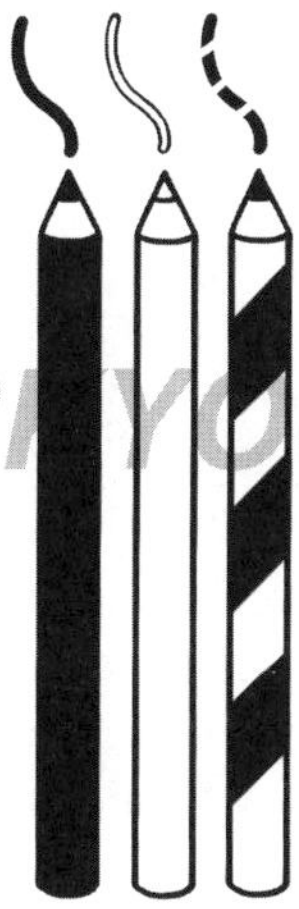

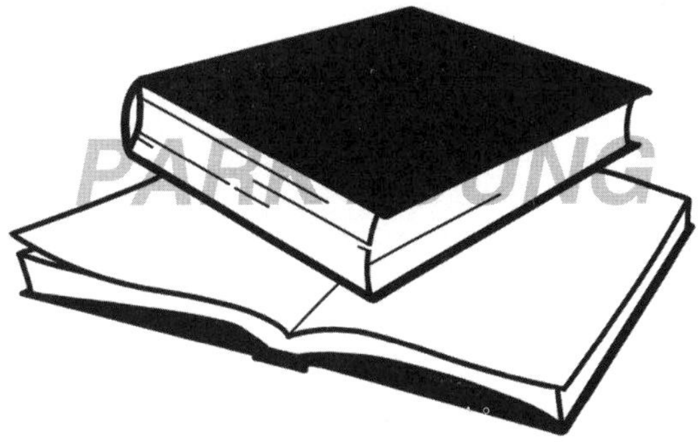

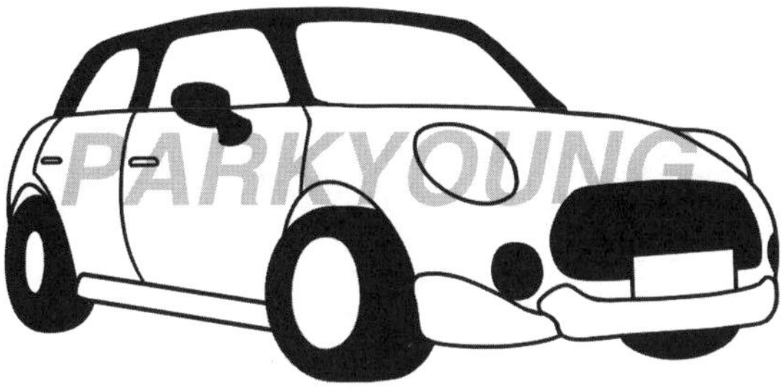

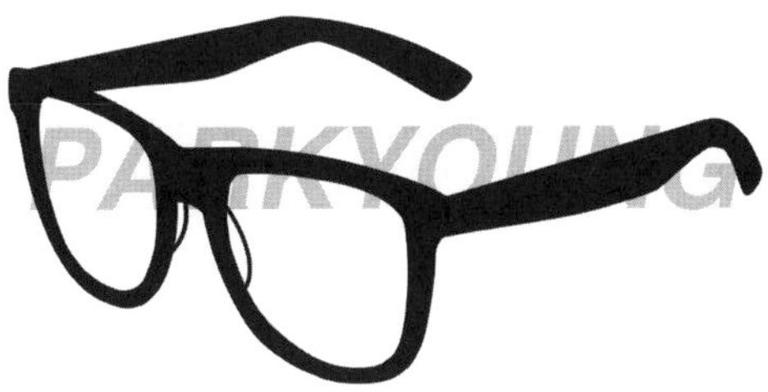

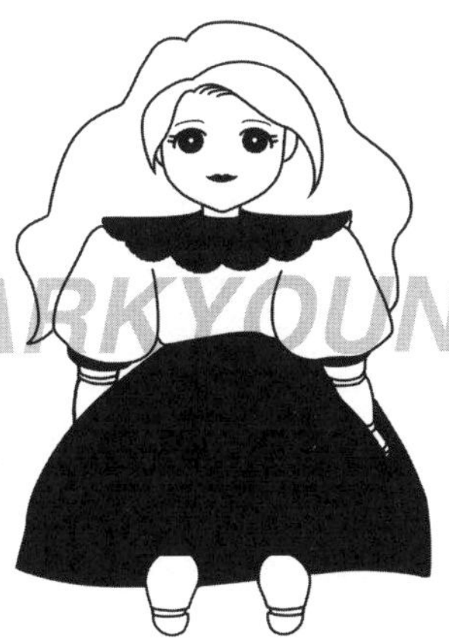

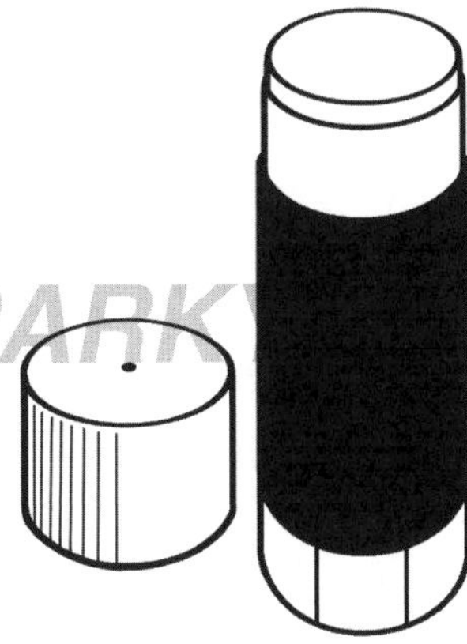

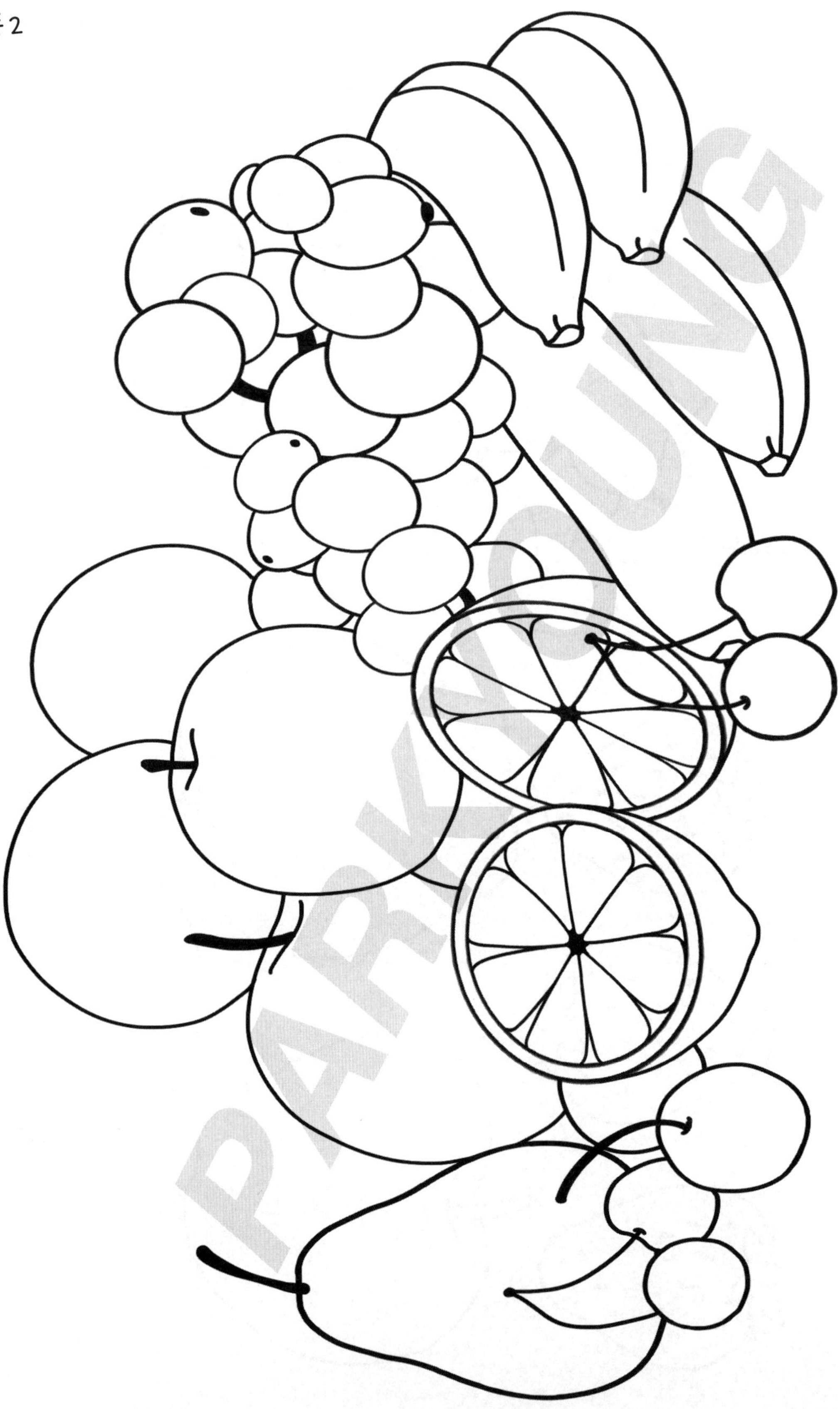

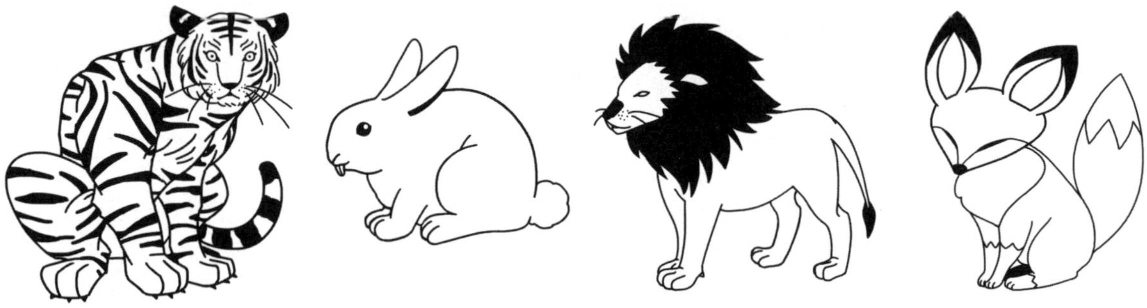

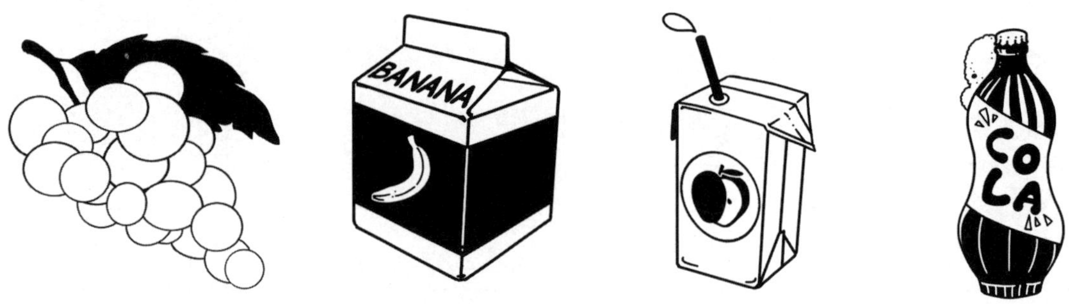

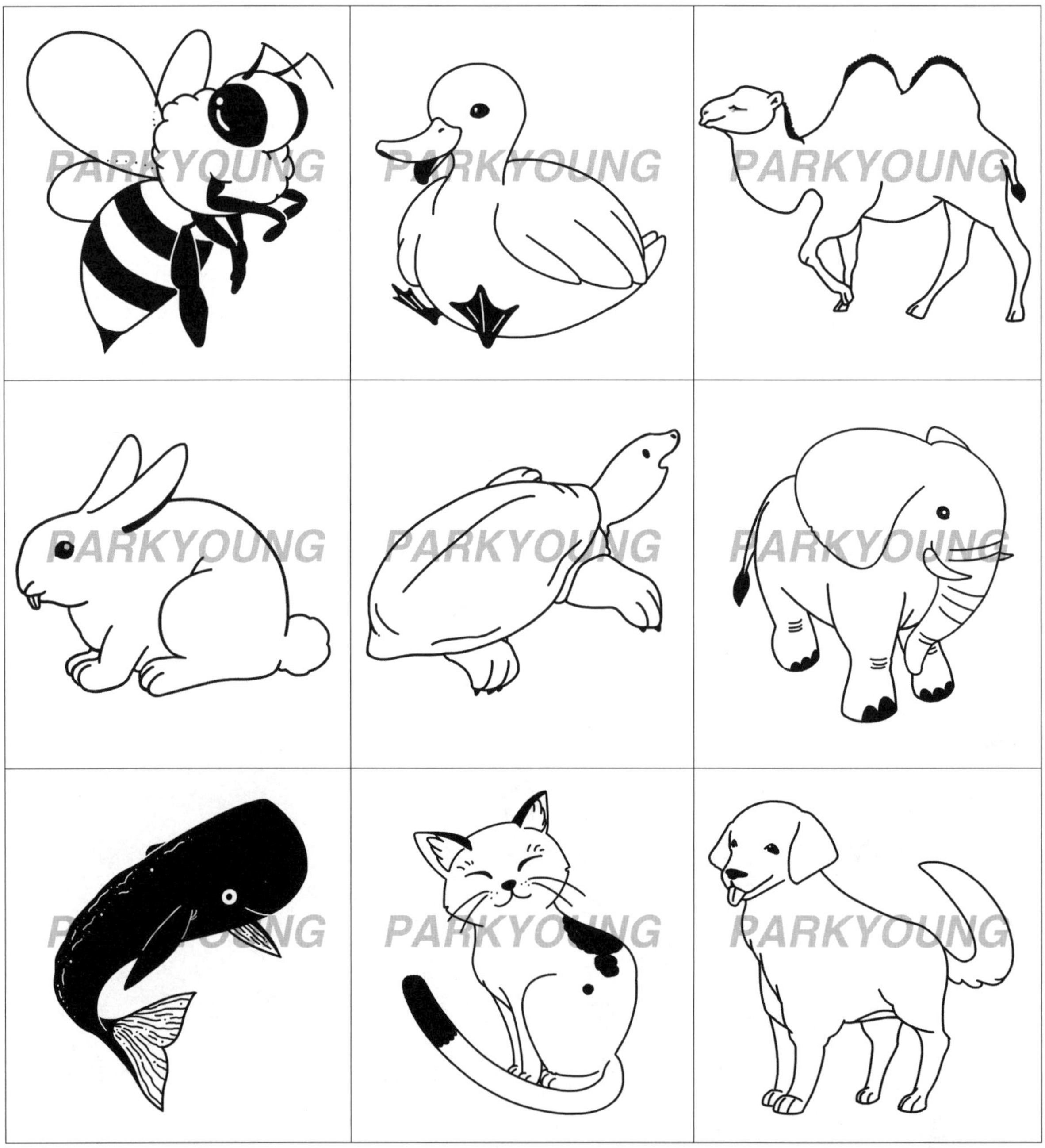

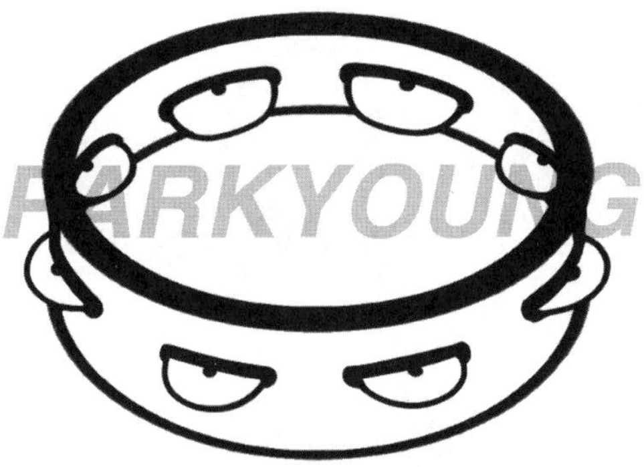

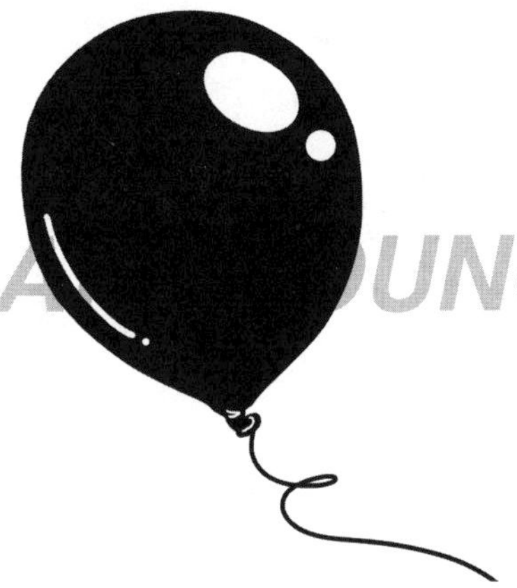

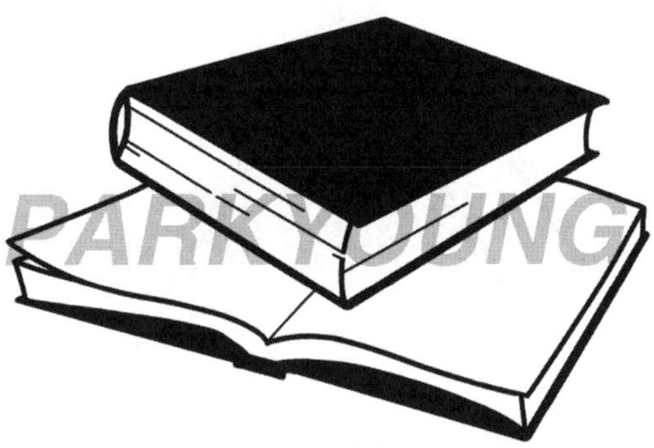

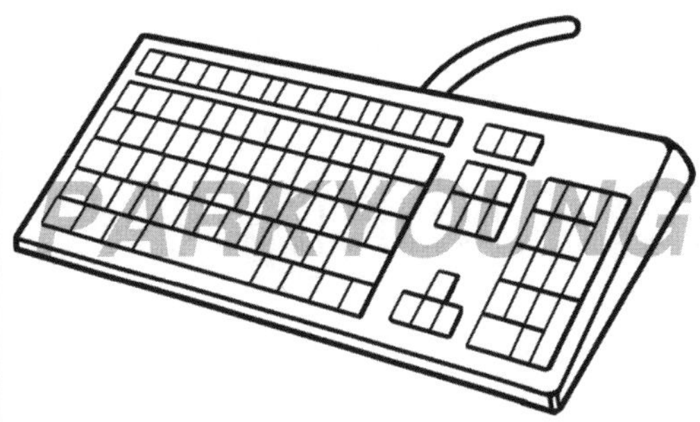

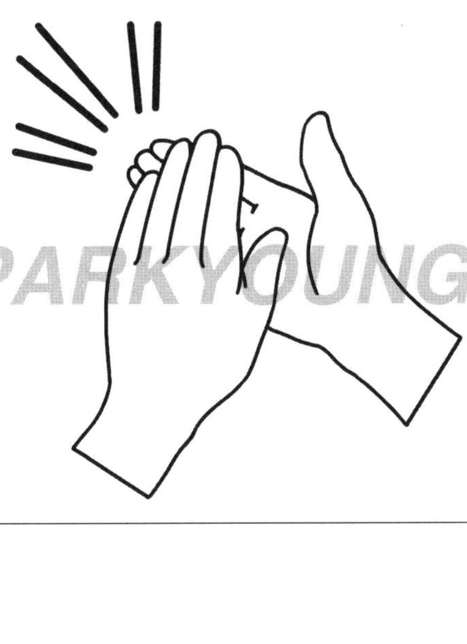

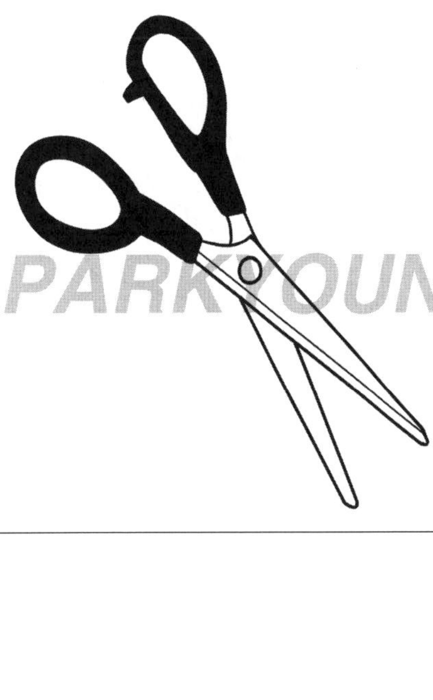

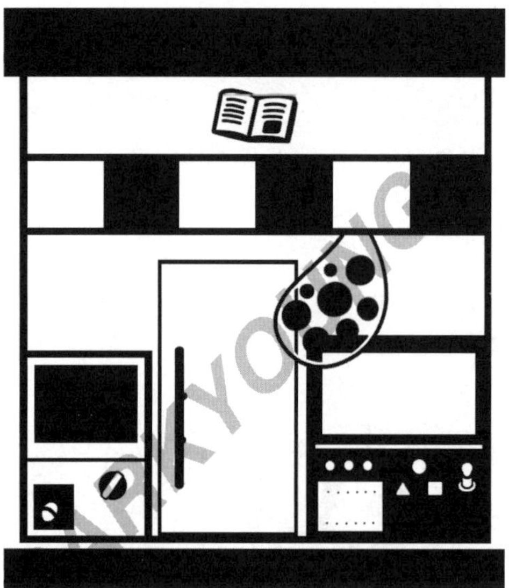

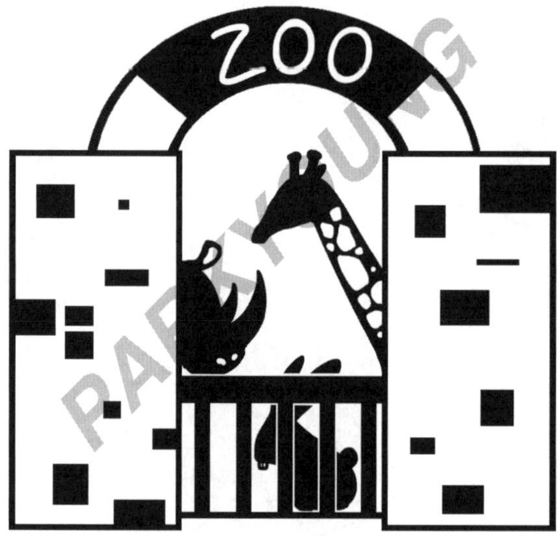

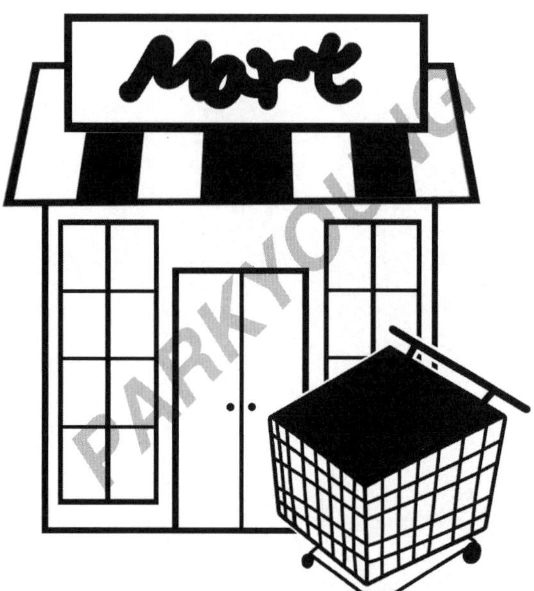

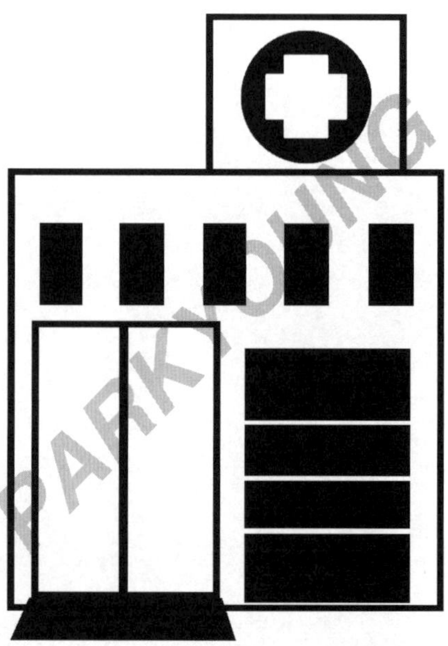

17 몇 층을 눌러야 할까요?

선생님의 설명을 듣고 몇 층에 사는 사람인지 맞혀보세요.

5층 ____

4층 ____

3층 ____

2층 ____

1층 ____

우체부

운동선수

동물훈련사

요리사

선생님

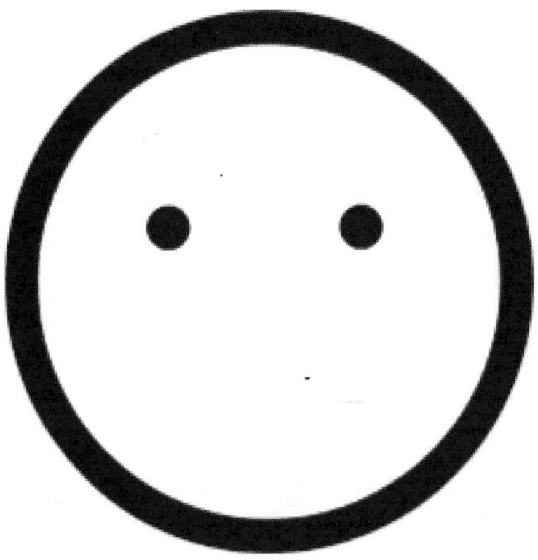

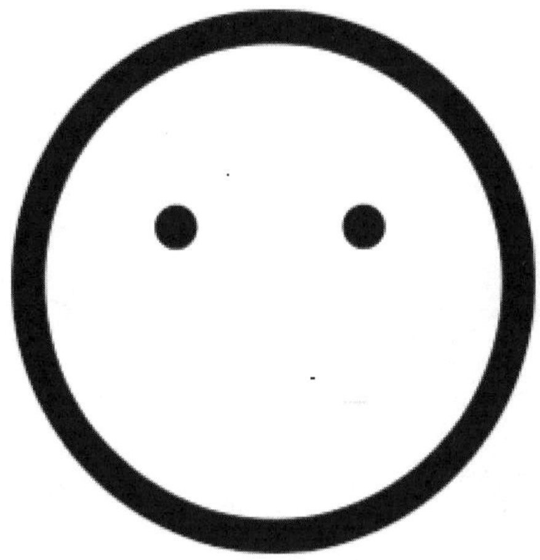

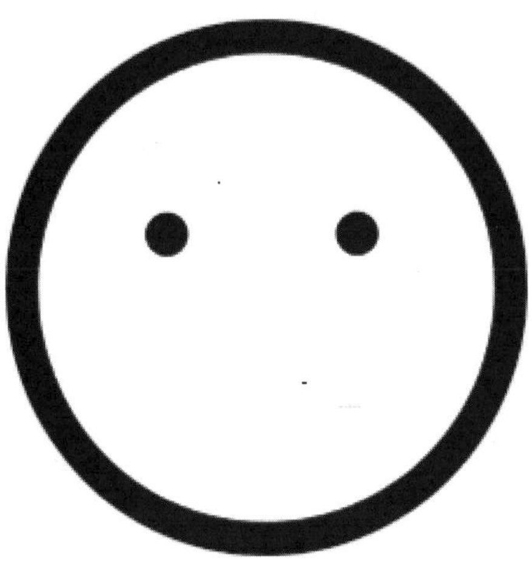

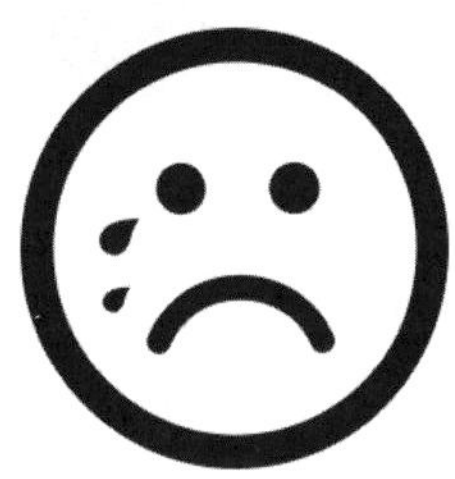

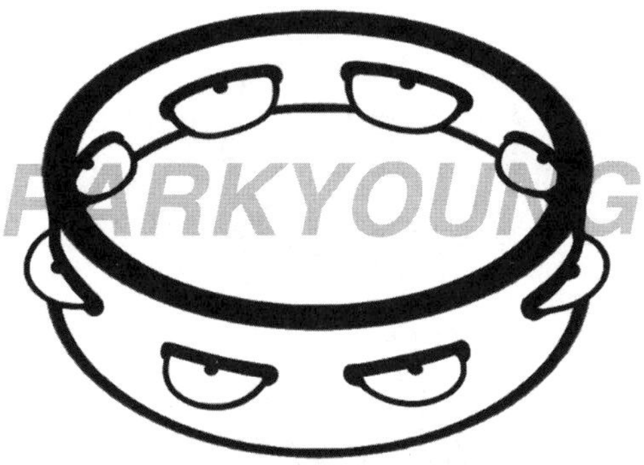

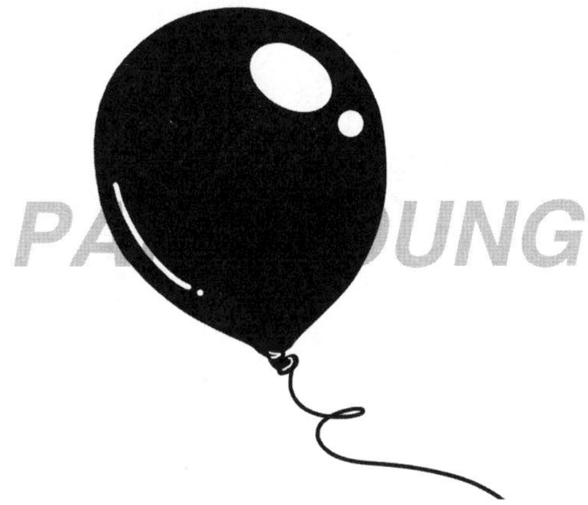

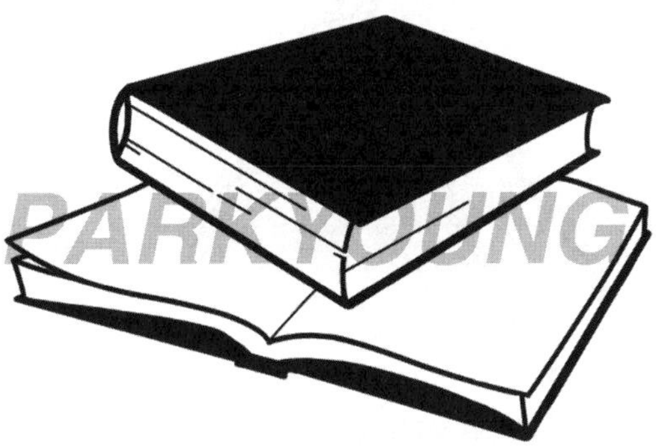

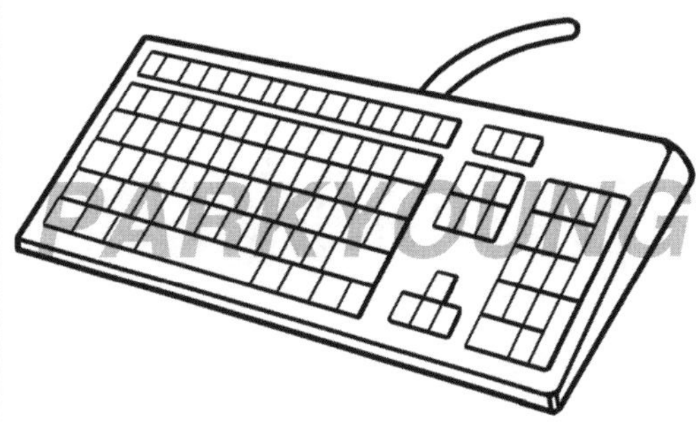

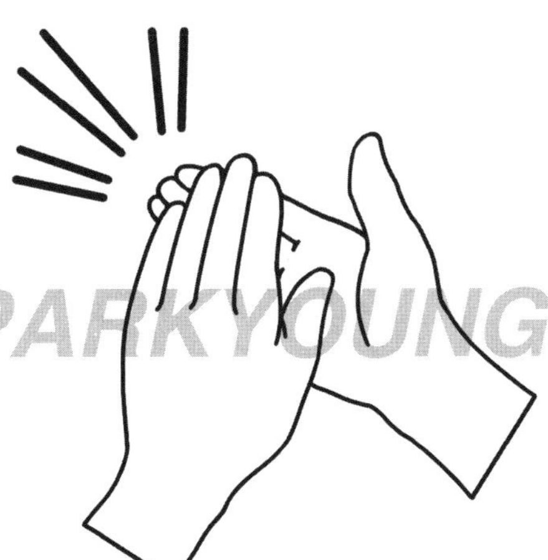

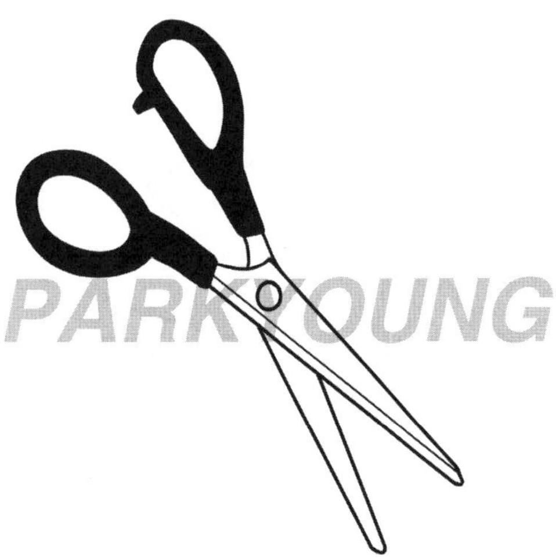

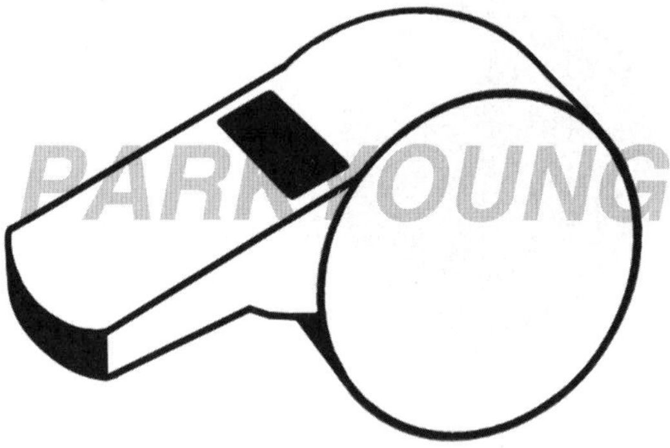
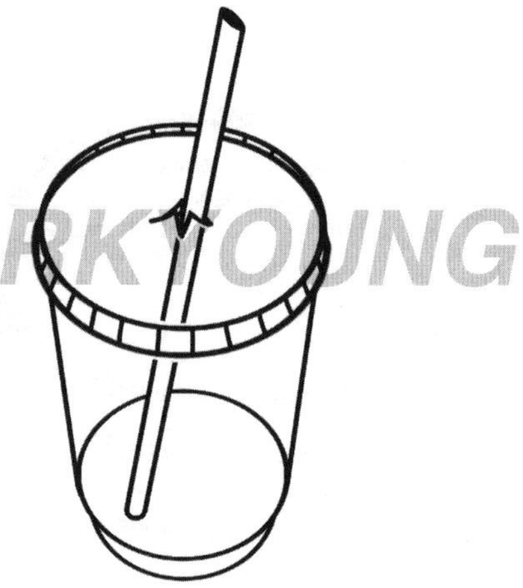
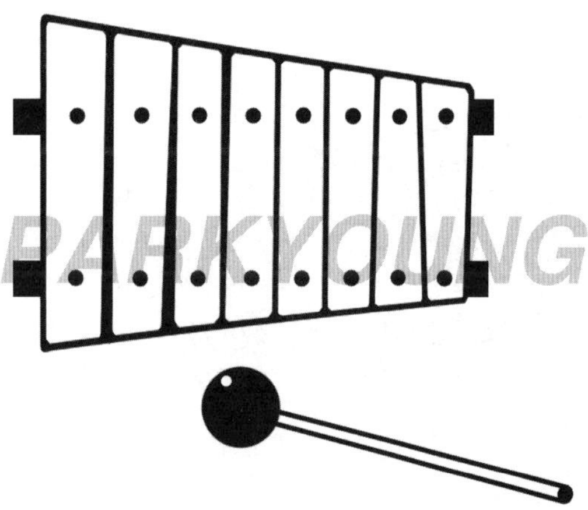
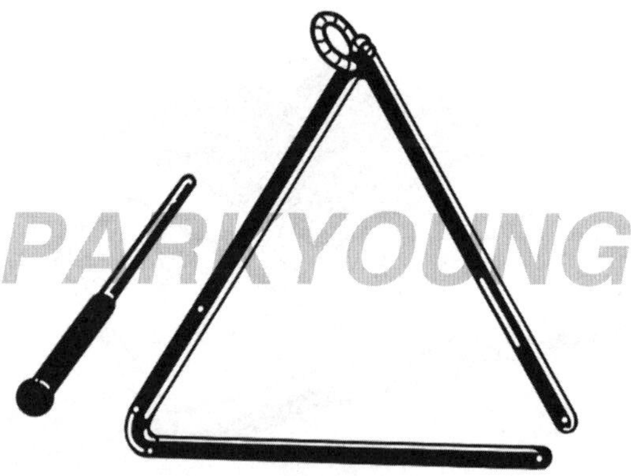
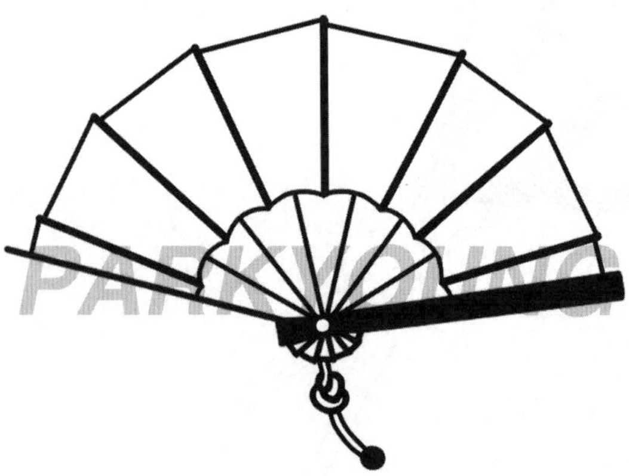
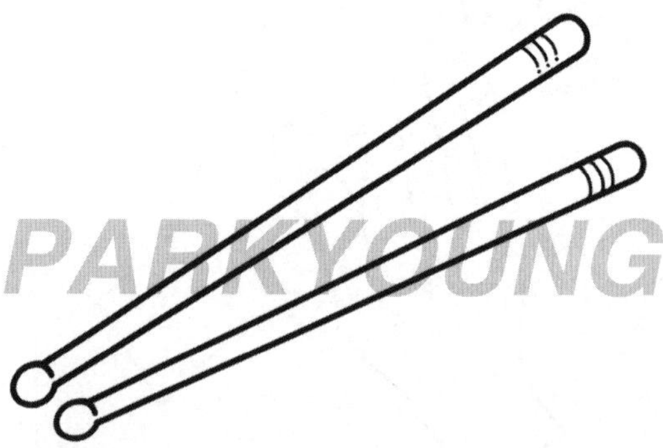

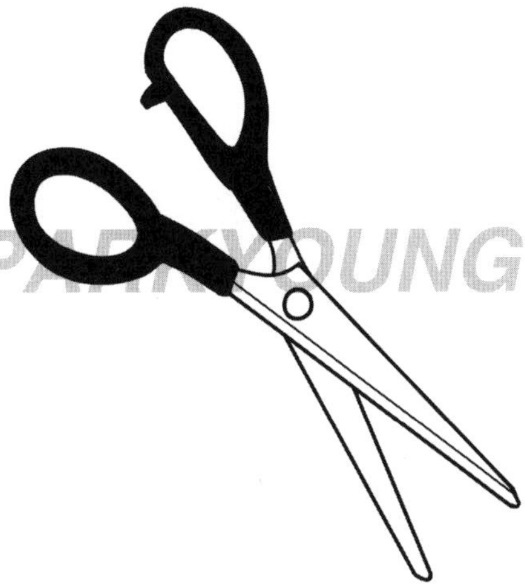

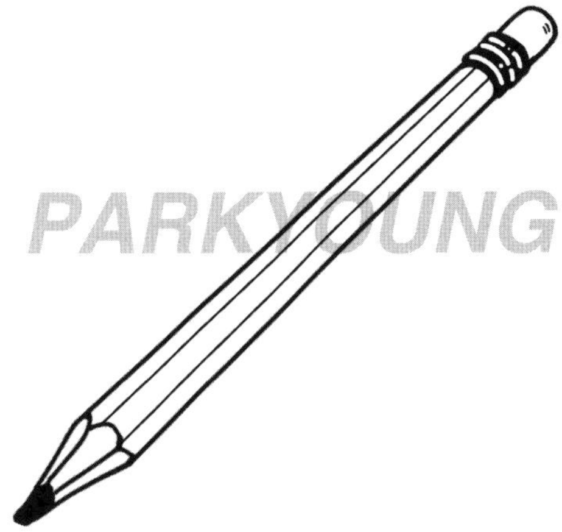

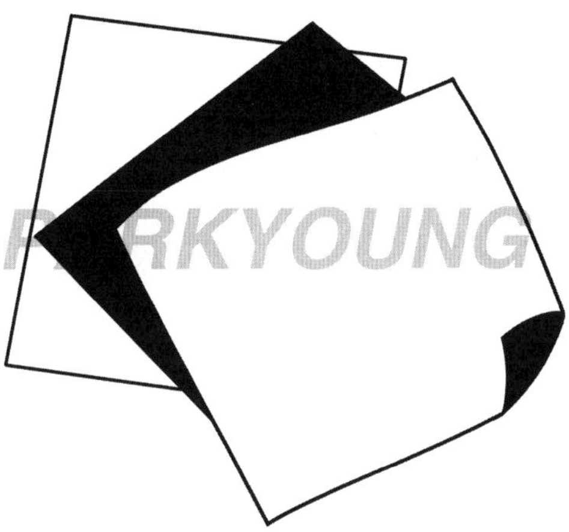

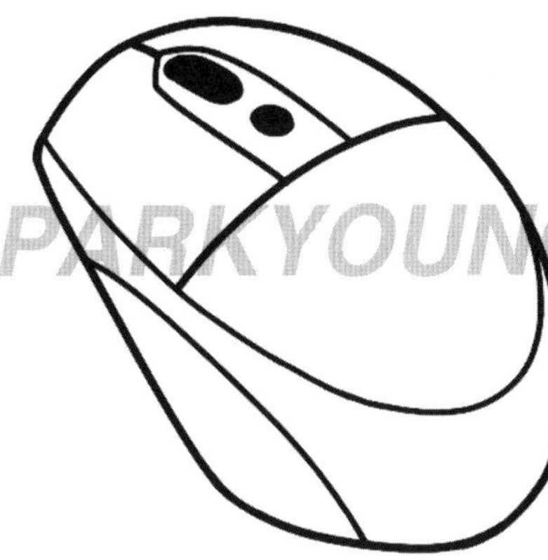

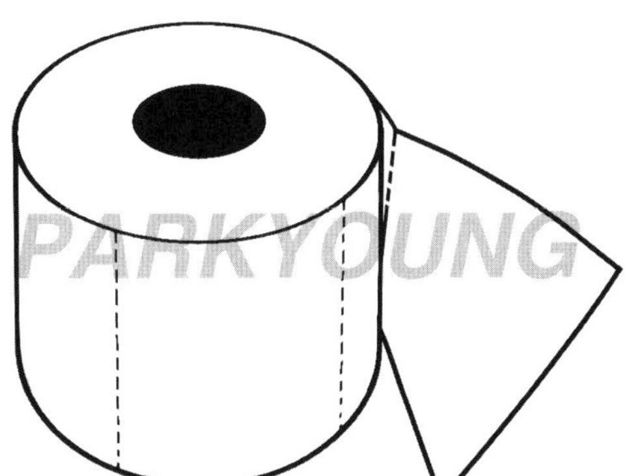

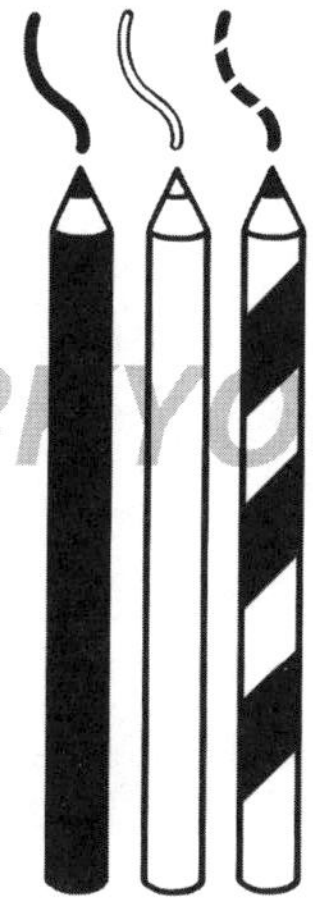

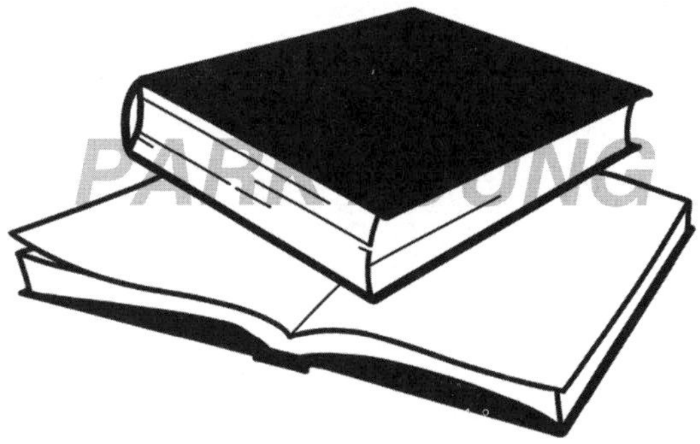

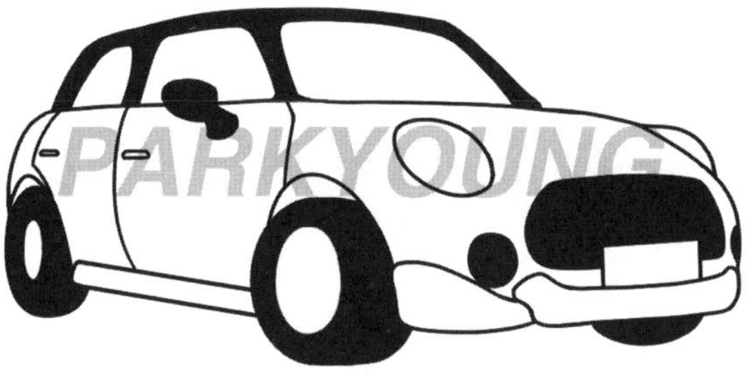

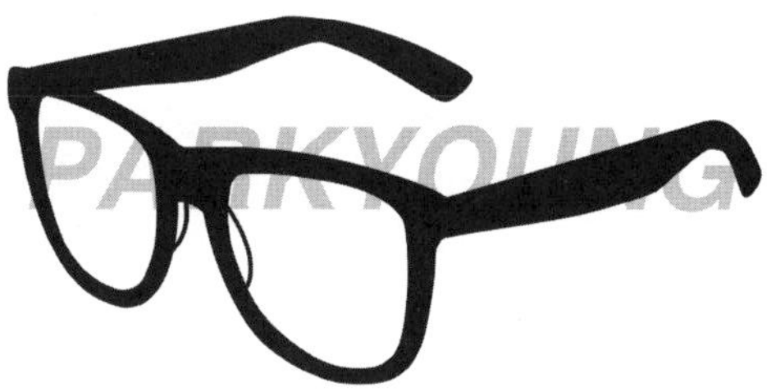

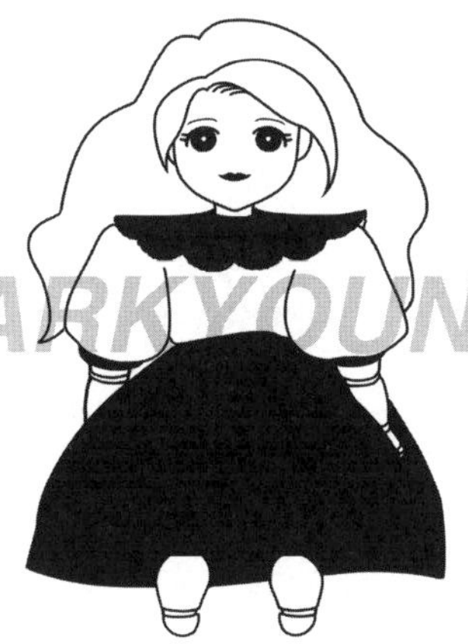

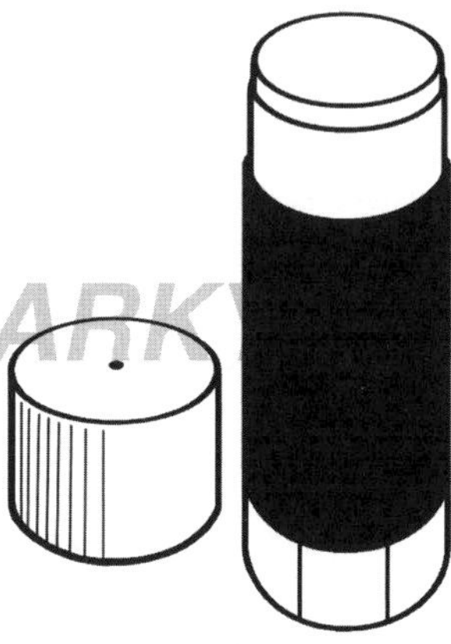

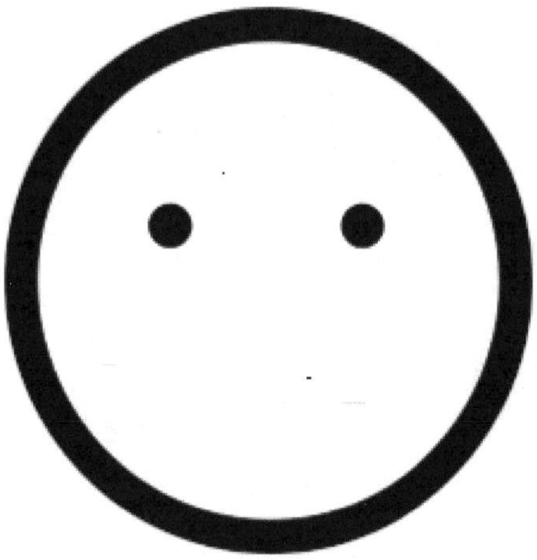

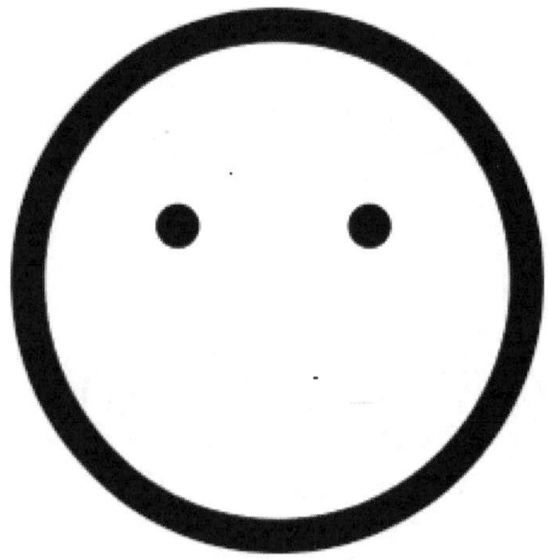

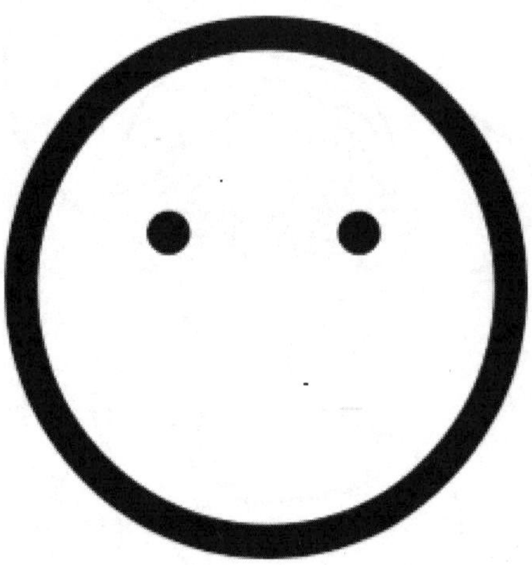

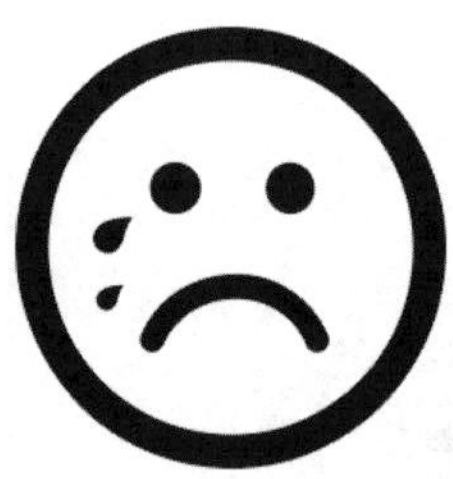